Eenduisend-en-Een Grimmige Nagte

Yolanda Faye Holden

Kopiereg © 2018 Yolanda Faye Holden

Geen gedeelte van hierdie boek mag gereproduseer word op enige manier, meganies of elektronies, insluitende laserskyf- of bandopnames en fotokopiëring, sonder die skriftelike toestemming van die uitgewer en skrywer nie.

Gepubliseer in Suid-Afrika 2018

ISBN: 978-1-77605-560-9

Buiteblad ontwerp: Anita Stander
Teksuitleg: Janet Von Kleist

www.kwartspublishers.co.za

There was once upon a time a princess, who, high under the battlements in her castle, had an apartment with twelve windows, which looked out in every possible direction, and when she climbed up to it and looked around her, she could inspect her whole kingdom. When she looked out of the first, her sight was more keen than that of any other human being; from the second she could see still better, from the third more distinctly still, and so it went on, until the twelfth, from which she saw everything above the earth and under the earth, and nothing at all could be kept secret from her.

"The Sea-Hare"
– The Brothers Grimm

Inhoud

Grimmige Nagte   9

Die goue sleutel	11
Relikwie	12
Die geskenk van die dwerge	13
Broodpryse	14
Huisie in die oerwoud	15
Krummelspoor	16
Die goue gans	17
Ses swane	18
Sewe rawe	19
Die bruidstoets	20
Dood van die hennetjie	21
Veertjiesvoël	22
Die singende beentjie	25
Die lewensprokie	26
Die reismantel	27
Raponsie	29
Trojaans	30

Stukkend gedanste skoentjies	31
Die troebadoer	32
Eva se kinders	33
Sypaadjie-Madonna	34
Die visser, sy vrou en die meisie sonder hande	35
Vir R, duskant Kommetjie, 2009	36
Die kristalbal	37
Repelsteeltjie	38
Uilhuis	40
Die lewensduur	41
Bode van die dood	42
Doringrosie	43
www.seweswape.com	44
Knersus	45
In die palm van 'n virtuele hand …	46
Dans van die sipresse	47
Die glaskis	48
Die paddaprins	49
Kookboek	50
Maer Liesbet	51
Sultan	52
Hans Ystervark	53
Speeltyd	54
Hooglied vir die maan	55
Korset	56
Lyfkuns	57
Dobbelhans	58
Drie haarkappers skinder tesame	60
Gedig vir 'n gestroopte	61
Kortpad	62
Iemand wou leer gril	63
Klein Duimpie en die reus	65

Arabiese Nagte   67

Onnutsige reseppe uit Me Naidoo se kookboek   69
Toe-eiening   70
Sondebok   71
Peetvader Dood   72
Glasgees   73
Towermat   74
Staaltjies   75

Sleutels en Erkenning   77

Grimmige Nagte

Die goue sleutel

Forensiese feëkundiges ontdek die afdrukke
van hekse en swape op labirintiese sprokies;
volg 'n krummelspoor na die mosbedekte hart
waar 'n tweeling as sleutelwagters waak.

Gefakkelde klimop rank teen simbole.
Sonder slot of sleutel bly die deurgang onsigbaar.
Immergroen varings spreek in gebaretaal;
neem toegangsgeld in ontvangs vir die ontvlugting.

Wanneer drome deur die windharp sinjaal
word die onsigbare ingangspoort onthul;
luistervink word versvanger:
vertolk orakeltaal.

Relikwie

My toring met twaalf vensters

Vanuit my allerhoogste skuilplek bespied ek,
met voëlperspektief die val.
Hortjievingers koester 'n gepoleerde koepel van kristal.
My vensters aanskou die gesigseinder van my ryk,
maar by my pantserkamer mag geen magiër of sterfling inkyk.
Ek slyp 'n strydbyl van koudgewalste staal.
Ystervreters met vuursteen pyle het gefaal.
In 'n sirkel, op dertien pale, word hul krone uitgestal:
uitverkore koppe met sederolie bedruip.
Vanuit my allerhoogste skuilplek bespied ek die voelperspektief:
gestroopte gesigte word roofvoëls se avondmaal
terwyl onthoofde hingste 'n towerspreuk uit wind vertaal.
Wie sal die geheimspraak van my heelal ontsyfer?
Justitia hou my in ondergrondse kamers gekluister,
bou 'n altaar van been gewy aan die aangebedene –
'n Kapusyn-katakombe vir elke nuwe kardinaal –
vanuit my allerhoogste skuilplek bespied ek sy reeds sy val.

Die geskenk van die dwerge

Agter die heuwel se boggel
in die gloed van die maan
sirkel vreemde musikante.

Ons sluit by hul aan
en dans die poltergeespolka
met agtelosige voete.

Die trekklavierspeler
bekoor verdwaalde verliefdes
in die blaarbedekte danssaal.

Middernag waak pouoog,
tango met swaelstert,
horings en gesplete hoef.

Droomsand syfer
deur swaar goudklonte
in ons sakke se verbeelding.

Seisoene draaidans
oor dakke en beddens
en armsaliges skrik wakker:

kole in smerige holtes.

Broodpryse

Hap 'n stukkie uit my huisie.
Klouter deur die opening
waar woorde waai.
Breek saam met my brood
en brokkel my korsies
tussen jou vingers.
Jou handholte is vol lug:
ek neem
eet   sluk   verstik.
Biologie-eksperimente –
mikologie, suurdeeg en muf.
Ons broodblik is 'n groen nag,
lakens is vol krummels,
die reën lek aan die plafon.
Die nag kou aan die dak.

Huisie in die oerwoud

Broodloos

Hier, in my vuurtoring,
skuil die kluisenaar van karma,
vas getrou, breek geen brood.
Buite word ambulanse se weeklag,
brakke en polisiesirenes
die skeppende woord.
Nege veiligheidshekke bly gesluit;
hou getuies en kriminele uit.
Ook kinders en donker duiwe
wanneer hulle oor mure
deur nuuskierige takke beur.
Laat die snuiters soetkoek eet;
geslypte snawels krap
aan die verkeerde deur.
My mandjie is vol gifappels.

Krummelspoor

Dit is ek wat die tafel dek
en die maandelikse uitgawes.
Jy sloerstaak agter koerante,
Black Label en DSTV.
Buite knabbel voëls aan die kruim;
beloon my met hul oggendlied.
Hier, leef ek in die diminutief:
min   minnaar   minste.
Selfs minder as die proeseltjies
deur miere opgevreet.
'n Eetstaker wat soms lendelam
krummels onder die tafel lek
snags wanneer ek hunkerend
van hongerte vrek:

Jy vul my buik met vuis en drek.

Die goue gans

Met apologie aan Boerneef

Bestanddele
1 berggansveer
2 goue eiers
voëlstroop

Metode
Pluimvee waggel in saffraanpeer.
Breek eiers vir gebakte rysgate.
My verse verloor hulle vere
in askoek en suur bier.
Die veerpen verseg om meer te sê
agter sifdraad waar gehokte woorde lê.

Ses swane

Veerbootjies gly geboë.
Onthou hoe kleuters hulle
uit pypskoonmakers
en papierwit servette gevou het.
Wanneer nekke vooroor slank
weerkaats rubber en plastiek:
stankafsluiters na rioolsisteme.
Swemvliese spartel onder die watervlak.
'n Hees geskreeu weergalm.

Sewe rawe

Gemantelde straatveërs ontvou vlerke:
onder pluimasie loer bose swere
soos klewerige oë van kloustrofobie
wanneer burgermagte die seëls
met hul AK-47 gewere oopbreek.

Die son betreur 'n maansverduistering,
sterre word onderstebo gekruisig.
Gulsbek sprinkane dreun vanuit die gulpe
van sewe swape om die burgerlikes
vir nywerheidsdiamante kaal te stroop.

In Panzi hoor die Rooiwangnaguil my snikke,
klou slaaploosheid aan die hospitaalbed
terwyl dokter Mukwege my aanmekaarstik:
sewentig maal sewe is te veel gevra
in 'n republiek waar kraaie en bosvarke oeste verniel.

Die bruidstoets

Seemeeu, my minnaar,
sleep vlerk by my balkonvenster,
talm in my donkerkamer
waar negatiewe ontwikkel
en jy nooit weer see kry nie.
Swaar gordyne dig.

Seemeeu, my mededinger,
Ons is voëls van anderste vere:
jou vlerkspan 'n repie
teen mure wat daagliks krimp.
Jou geringde poot –
verstrengel en in prikkeldraad ontsteek.

My seemeeu, my mededader,
Ek is 'n voelverskrikker.
Vrygespreek van ons misdrywe
sweef jy by die venster uit.
Veerlig kantgordyn word sluier
tydens 'n seëpraal.

Dood van die hennetjie

Antjie ontplof
tussen broei- en voertyd
voor die mikrogolf.
Haar makrokosmos verskroei:
flitsblind en kamma-gamma.

In haar bouval
lê D-dag in voorskoot en as;
skitter haar stralekrans:
radioaktief in ultraviolet
waar die kombuiskas was.

Veertjiesvoël

Soggens en saans wanneer taxi's toeter,
tsotsi's shoplift en gangsters mekaar opfoeter,
wanneer slim Griet en mooi Katryntjie
hulle ore spits en versigtig
verby die geraas van vuvuzelas luister,
hoor hul stemme in die agterjaart fluister:
"Kom koop, kom koop!
Hier by die mengelmoesmark
cater ons vir almal-en-nog-wat.
Hoesdaai? Kom taste en try!"

As die anties gepoeier en gepaint
Sondae kerk toe skommel om die hoek
en jaswielies na plastiekpêrels
tussen asblikke en strooirommel soek,
hoor jy reeds die verkoopskêrels kraai:
"Karmenaadjies en exotic vrugte!
Kom piek en choose njammies
in tamaai, moevies of jumbogrootte
sonder kullery of kroekspul –
ignore stories en gerugte!"

Wanneer babalaasdronkies nog kwaad
hanna-hanna by die sjebien
word Griet en Katryntjie
nie gehoor nie, ook nie gesien,
want klein muisies speel met
kamma-kamma maatjies tot laat.

Elke aand wanneer dolosse
op velkomberse dans
en tokkelossies onder beddens sis,
wanneer Griet en Katryntjie
rondrol in hul klapperhaarkooi
in die duisternis sonder kers of paraffien,
hoor hulle naghekse soos rukwinde buite loei,
kan hulle die skaduwees
van voorvadergeeste teen mokukmure sien.

Die volgende oggend
maan ma vir Griet en Katryntjie:
"Moenie talm nie, wees op jul hoede!"
Maar die twee agies verdwaal tussen die bohaai
en al daai krismisboksgoete
by die Mai Mai basaar.

"Kom koop, kom koop!"
hou die stemme aan fluister:
"Hier by die mengelmoesmark
moet patrysies hulle ore oopmaak
en na Pappa en Mamma luister."

Renosterhoring, mambavel en katskelet
word fyngemaal vir 'n verskeidenheid nuttige resepte:
doepa vir tandpyn, koors of griep,
hoendersiekte, ipekonders, naarheid en piep.
Daar hang 'n skottel met 'n riffelrandjie
voor die winkelvenster van waar
Moses Mushonga se afgekapte handjie
die tweeling naderwink.

Aan die toortuin se balke sondroog
skolierskenkels en ontbeende peuters.
Op rakke pryk bolle, knolle, pense en pote
asook ingelegde botteltjies babavet.
Griet en Katryntjie
kan glad nie hul nuuskierigheid keer
en wanneer die sleutel in die slot draai
ontsluit die buitekamer se verbode deur
by die Mai Mai bisar.

Die kuikens word die ene hoendervleis
wanneer hul deur geheimsinnigheid beur
en ingesluk word deur die honger huis.
Niemand hoor ooit weer 'n piep nie.

Voortaan wanneer volmaan donsveertjies
by ruite inwaai en mammas medisyne
aan benoude winterborsies vrywe,
is daar 'n bries wat die kantgordyn laat ruis
en 'n vreemde gekriewel onder die velletjies
van balhorige kindertjies se lywe.

Die singende beentjie

Kraaie verslind 'n padkarkas

Op berge, in dale en oral is dit grys.
Padlangs pleister die helftes aanmekaar,
beduie waar die teer my skouer,
die reisiger se wonde kruis.
Die wegvlak sper langs vulstasies af, vervaag
tydens die seisoen van slagting en zero-toleransie.
Kraaie word die wegbelastingkassiere:
"Betaal tolgeld voordat jy binnejaag".

In die ouditorium, in manelpakke uitgevat
snaar gevleuelde musikante
hul instrumente vir die snelweg-kamerkonsert:
hare teruggeblink en bloednat.
Encores klink, wit bewwe verbloei
tydens die gesnawelde uitvoering.
Die ingewande word uitgederm;
die gehoor – in onversadigbare vervoering.

Die lewensprokie

"Om lief te hê, is om uit te trek" (Joan Hambidge)

Om lief te hê, is om te migreer:
soos swaeltjies of wilde swane
wat rugkeer op seisoene van sonne –
in snerpende lande verkluim.

Om lief te hê, is om te masturbeer:
vingerpunte blaai
deur vlesige kalenders, besef –
koffers en kiste is gepak vir die reis.

Om lief te hê, is om te hiberneer:
'n gat te grou waarin
vangkuil winters geberg word –
met blare gehark.

Die reismantel

'n Kinderlegende

Ek pak kaste reg, vou die manteltjie weg.
Wil die kind se kleertjies na die Salvation Army
en welsynstoonbanke in Mamelodi stuur,

maar haal nog eens die kleedjie uit die tas
want die kwiklesing daal
en hier reën dit alklaps.

Selfs in die omhelsing van waterdig
dring vogtigheid onder die voering
en tussen my gekreukelde blaaie in.

Agter gebrandskilderde glas
benodig ek dié steunboog meer
as vigsklinieke en gemeenskapsentra.

In my domtoring breek die donker
Ghiberti se paradysdeure af; belemmer my sig
agter traangeskilderde glas.

Onder die spuier in my katedraal
omgord ek my met heugenis voor die altaar;
snoer 'n gebed vir die deurboorde Christuskind.

My gedenkfees by die aansteek van die kers.
Nogtans sal die onsigbare naelstring
aan jul moeders gebonde bly.

Lelies, orgideë en freesias in ligpers.
"Laat die kindetjies na my toe kom."
Maria, is hy ook nou uiteindelik volmaak?

Raponsie

Vanuit jou toring sonder deur of wenteltrap,
omring deur kreupelhout en toorbos,
laat jy 'n bloukuifloerie ongesiens ontsnap
om jou geliefde koggelend terug te lok.

Vanuit jou vuurtoring sonder tou of reddingsboot
met huilgeeste aan vensterbanke geboei
het die soutsee mure en fondamente omgestoot;
plantasies en blombeddings weggespoel.

Vanuit jou blokhuis sonder bed of gemakstoel,
versnipper jou skêr die opklimkoord,
liefkoos jy die dubbelloop, ontketting die boerboel
en tuimel haastige honde na hul dood.

Leer jy om sprokies met skoenveters uit trane te hengel
waar verblinde paartjies soos ons
hulpeloos in die nette verstrengel.

Trojaans

Die byekoningin het bly rus op die mond van die een wat heuning geëet het

Helena, voer ek jou nektar, granate en ambrosyn
wanneer jy jou ontwapen agter die oorlogsduin?
Of wag jy vir 'n hings van holte en hout
wat krygshaftig teer en fakkel in yskoue
nagte waarin ek versplinter, ontbrand of versuim?
Jy terg voor 'n gordyn.
Ruïnes murmel oor inval, buitery en puin.
Jou feromoon maak my benoud.
Helena, voer ek jou nektar en granate?
Heuning druppel van ons nes op die kruin
terwyl vlieëknip wemel in die agtertuin.
Jy skink bekers gevul met Mediterreense sout,
kamoefleer steenkool met silwer en ougoud,
maar as bly verbrande hout wanneer die nagloed verdwyn.
Helena, voer my nektar en granate.

Stukkend gedanste skoentjies

Die gestewelde kat
dans die lostorringtango
na jou pype, dartel verby
publieke wasgoedlyne
en skrefiesgordyne
tot aan die eindpunt van verlange
waar duiwels veters gebruik
om galgtoue te knoop.
O, die spykerskoen se neus,
die tartende tong.
Klopdanse goël in hotelkamers
waar ons eenmaal was.

Die troebadoer

Some women wait for Jesus and some women wait for Cain – Leonard Cohen

Salf New York en Montreal
met oranje oggendsoene.
Jou afdrukke op veldun ure
in die kamer van ons hotel,
maar jy laat geen litteken
op of onder muurpapier.

Ons tango waar demone
viole laat gloei.
In die vlamme van die na-nag
verskroei ons bladmusiek.

Blitse slaan my voor jou voete neer.
Ek hang hallelujas aan jou soom
terwyl ek jou ophemel;
sien 'n byl onder jou jas blink.

Vanuit jou toring kyk jy op my neer:
arms oopgespalk, palms deurboor;
hangend tussen wellus en lirieke:
nog 'n gewonde in die gevegslinne.

Jare later ontmoet ons weer.
Jou oë is dood sê ek,
jou skoonheid het gesterf sê jy.
Ons verkool in die hotel van papier.
Ek word bevry
soos water soos wind soos vuur.

Eva se kinders

Krap in vullisblikke, drentel deur sopkombuise;
vind enkelvoude en verkleiningsvorme
in hoekies waar hongersnood hurk.
Hier lek diftonge oor sleutelborde,
wasem asems vrot skerms toe.
Klanke verloor hul voedingswaarde,
verslinge bly honger.

Eens in die land van die reuse
woel woorde in literêre speelkamers,
maar Breyten en die boksomdaais verspoel
toe *woordfoël* met die olyftak wegvlieg.
Al wat bly is moeder se nat gesig.
Diskoers roei die geneeskruid uit –
woord en wortel, kliek en konsonant.

Kladskrywers konstrueer verse
waarin beeldspraak en stylfigure
poog om kontekstuele sintaksis te verryk,
maar haar kroos WhatsApp mekaar
op parkbanke tussen vullisblikke,

spreek in Anglisismes en sms-kriptografieë.
Skarlakenduime mix Milton
se paradys deurmekaar
terwyl 'n voëltjie nydig *tjie tjie* fluit:
die sin was eens hier.

Sypaadjie-Madonna

Nog 'n kinderlegende

Op die dag van die heiliges
skenk die moeder van alle groei
vetkryt aan die verwaarloosdes,
krabbel ek 'n huisie op papier.

Onder die familieboom
val die appel veels te ver.
Gravitasie kraak die kroonblaar
in moeder se blommeryk.

Voor ons huis van splinterglas
leer die vrou met Pedikomberse
in my klippieskool op die gras
my verse wat tuinhekke ontsluit.

Die afloskind sien hoe edelstene
op vier hoeke begrawe word
en meng towerwoorde met wensbeen
om die poppekastery te besweer.

Ma se waarskuwingsbord flits
agter my speelveld se grensdraad:
haar gebare en geheimspraak
soos gewoonlik onverstaanbaar.

Ondanks die wit spoelklip op die werf,
in die voorportaal, by die voordeur,
en teen die bure se hoë heining
is ek uit Maria se arms weggeskeur.

Die visser, sy vrou en die meisie sonder hande

Sedna,
waar 'n geringde meeu waaksaam, maar knus
in die onderwaterfort van Adliwoen rus,
bring Poseidon die seë in beroering.
Soutwater deurspoel ons kamers
en jou vingers word walrusse, see-otters en tornyne.

Sedna,
as jou werpspies storms verwek, minnaars versteek
agter die skuimkrone van branders wat breek,
word 'n meermin aangegee as vermis,
maar Poseidon se infra-oog merk haar skuilplek
en jou vingers word die tentakels van 'n pylinkvis.

Sedna,
wanneer die harpoenier jou hande vermink
en ons dieper in die Atlantiese stroom wegsink,
is Poseidon se mag gefnuik.
Ek bly ingelê in jou pekelsoene
en jou vingers word walvisse, dolfyne en perlemoene

Vir R, duskant Kommetjie, 2009

Op 31 Mei is ek as terminaal gediagnoseer:
die wond wat die Stille Oseaan my toegedien het,
word septiese blasoene deur Botticelli geïnspireer
en my wydings langs die Kaap van Hoop wapper radeloos.

My harpoenier kan nie my minnelied dekodeer nie
en stuur 'n verklaring oor my naderende einde uit.
Mediaverslaggewing het my wond verdiep.
Strandlopers probeer voortekens tydens laagwater ontsluit.

Slegs doktor Michael Noad kan my noodkreet vertolk.
Skenk my en vyf-en-vyftig bloedverwante eutanasie:
bevry my van ellende met 'n enkele kopskoot
en laat geel skrapers my opraap na 'n strand ver van apatie.

Eendag sal gesoute igtioloë 'n fossiel in die sand ontdek
terwyl melancholie steeds spook op hierdie eensame plek.

Die kristalbal

'n Oog vir 'n oog

Na sy spot en laster word die oog van die rower
aan Christus se linkerkant deur 'n kraai ingesluk.
Stiefmoeders en -susters verloor ook hulle oë
wanneer tortelduifies se snawels duiwels uitpik.

Blind, op die rug van 'n gans, word die stroom oorgesteek
voordat ons in fonteinkruid verstrengel en verdrink.
Twee oogappels is verlore, die derde bly op soek
na reënboogvliese agter klappe – swart soos drukkersink.

Waar sonlig deur sneeuvlokke kaleidoskoop
merk 'n arend die pupil in die pieke versteek
en laat dit ongesiens in die diepsee val
waar die gepoleerde dop kraak en oopbreek.

'n Walvisspuitgat blaas 'n kristalbal uit die soutsee:
aan die lankmoedige hengelaar word magiese kragte gegee.

Repelsteeltjie

Die muse spin goud uit strooi
en word as geliefde ingenooi.

Hy waarsku: so seker as wat die spinwiel draai
jy mag slegs mý naam plesierig kraai.

Sy naam word egter gou vergeet.
Onbekende name word snags uitgekreet,

maar so heet haar kroonprins nie.

Vergulde woordjies geweef uit vlas:
skat en engel red haar geslepe bas.

Sy humeur verkort, hy swets en wroeg,
werk laat of kuier gereeld in die kroeg.

Aan die buurt word stories uitgelap:
sy vervloek hom as *kroegvlieg* en *suiplap*,

maar so heet hy nie.

Haar eens gulde strooisels word kaf,
vrede draai die rug om weg te draf.

Sy verloor die gawe om goud te weef
hy, die wil om aanhoudend te vergeef.

Regsadviseurs fluister in sy linkeroor:
sy sal die kind, kar en huis verloor.

Sy raai *buffel en boelie,*
maar so heet hy ook nie.

Obsessie volg haar, hou haar dop,
ontdek waar jakkalse matrasse stop.

Naamloos betrap vir heterdaad
en een skoot knal.

Die aarde skeur toe die duiwel
morsdood neerval.

Uilhuis

Op pad na Mekka
wag 'n hellevaart:
die pelgrim meng wroeging tot beton,
skuil agter deure en draad.
Uile hou wag:
Hoe-hoekom is hulle oë so groot?
Glasskerwe sny deur mure.

Hoenderkop rits sy broek op
en meerminne rouklaag in die dam.
Kelnerinne in bierbottels vermom
keer hul stywe rûe
op die euweldom.
Die plafon sluk die strale weg.
Son en karavane wyk oos;
volg eergister se ster
tot waar die eindpunt van verlatenheid
skaduwees oor die kameelwerf verf.

Geveerde skildwagters hou wag:
Hoe-hoekom is julle oë so groot?
Splinterglas kerf deur ure:
'n kaleidoskoop van wanhoop.
Hoe-hoe laat is dit?
Te laat vir troos.
Voortekens bly onsigbaar.

Hierdie huis bly boos.

Die lewensduur

I. Kluister

Ek is 'n kamer.
Agter sewentig deure
verstar die uilskuiken bang.

II. Agtien jaar van die esel

Die donkie sink weg
onder tegnologie se sand:
tablet wuiwend in die hand.

III. Twaalf jaar van die hond

Knorrig oor omrol,
sit en doodspeel, maar vra nooit
wie's meester van jou leiband.

IV. Tien jaar van die aap

Verby heugenis.
My kop bollemakiesie:
aap, swaper, alzheimers, stil.

V. Die gehangde man

Ek lees my kaarte:
sien myself heen en weer swaai
in my vervalle toring.

Bode van die dood

Engele hou koerantkoppe dop,
pak reistasse, vou flentervlerke op,
was kombuisvloere en skrop
spatsels van karmosynvoete af.

Dakspuiers met lemmetjiesarms
trek laer, laat my buikvleg bewe
waar ons in stukkende skadu's
van hoë sementmonsters lewe.

Doringrosie

Die toekringtelevisiestelsel gewaar
hoe die snykniptang haar grensheining skend
en die binneplein van haar landgoed inval.

Trolle met wringsleutels kneus haar kweekhuis;
sy kantel tussen die voëlbad en die fontein
in haar duiselingwekkende lusoord.

Wanneer haar kroon die plaveisel raak
rig sy haar visier op 'n vreemde ryk:
Hekke van gietyster, gletsers van ys.

Haar glasuurblik sien die wasige omtrekke
van veiligheidshekke, die valbrug en 'n grag
waar hekwagters maan om nie om te kyk nie.

Maar sy sien haar aangrensende self
skop teen gange waar 'n honderd jaar
in die kamer van haar kleinhoewe talm.

Tussen neteldye en glasskerwe
word sy op die plankvloer besmet
haar keiserlike klere gestryk.

Die vorstin verleer die kuns van slaap
in haar hangende tuine waar doringdraad
daagliks stywer om die heining wurg.

www.seweswape.com

Die poppekas
word Pornocchio se playstation:
joystick gestyf
vir die internet-steeltog.

Knersus

In die insektarium
kners honger op roofdierkake;
bekruip knypers die keyboard:
'n bidsprinkaan wat webblad
en kuberruimte plunder.

Wat is 'n webwerf
sonder 'n meester?
Daar's geen wegkruipkans –
een, twee, drie, blog myself.

In die palm van 'n virtuele hand ...

spartel sprokies om 'n lewenslyn te trek.
Tegnologie ontbreek stemband en pols.
Geheuestafies vergeet gou
dat 'n Facebook-metgesel
as verbruiksartikel
op verskeie ontmoetingswerwe
opgedateer en geredigeer word:
herlewing erwe.

Shift verwagtinge
druk escape
een, twee, drie, delete myself.

Dans van die sipresse

Kooltjie vuur, as tot as

Tussen Mekkagangers
spiraal dertien derwisje
in warrelende soefietlikheid.

Ek knip my derde oog
om die ekstase
fotogenies vas te vang.

Wanneer die pelgrims
hul gloeiende gesigte
ooswaarts draai, ontbrand
die podium onder hulle voete.

Alla, hul geloof moet onwrikbaar wees
om oor smeulende kole te dans!

Die glaskis

Parsifal versaak die mademoiselle waar sy
op die agterste sitplek van die voertuig hyg
en die temperatuur soms tot kookpunt styg.

Die kleine sonstraal knor dors en duiselig:
"Ek's 'n petite caniche, toon tog barmhartigheid."
Die harnas in oor sy blinde nalatigheid.

Die arts verduidelik in die onderhoud oor die lug:
"Tydens dié sonskermlose swoelte
verdamp keffers in die afwesige koelte."

Die dralerige soektog na die graal
lei die fat van boutique na salon de toilettage chien;
vir haar geskeerde lyfie soek hy die perfekte kostuum,

maar Valpré bly die troeteling se enigste wens.
Mag die veelbegeerde beker haar nie verbygaan nie;
die bokaal is nie half leeg nie, en ook nie half vol nie.

'n Dogmatikus gooi vir haar 'n kluifie,
foei, dat 'n doemeling – nog halsband om die nek –
deur vuur gelouter word voor die aardse vertrek.

Die paddaprins

'n Kikvors maak pakaters deur die vlei:
het gaan opsit in die moeras
waar die fee haar lakens
in spirogyra probeer skoonwas.

Te midde van brullende hosannas
pronk skurweman koudbloedig,
maar in haar reënwoud, onder die swamsambreel
word sy deur vratte ontmoedig.

Die knoppies moet weggeblaas word.
Sy bestudeer boererate vir 'n kuur.
Trek 'n sirkel tydens donkermaan
en wag vir die toweruur.

Sy roep salamanders uit die noorde op;
molge en bosgode uit die weste.
Meng sprokies en bygelowe met mos
en raak ontslae van 'n verskeidenheid plae en peste:

Die amfibie word oopgespalk en omgedop
in haar soeke na die helende steen.
Sy harspan sorgvuldig uitgekerf;
gedissekteer tot op die been.

Skil dan die flappe van sy manel af,
doop hom in marinade en basilie.
In 'n restaurant lek sy haar vingers af:
smul aan *cuisses de grenouille*.

Kookboek

Hooglied vir my gemmerbroodman

In die allerheiligste vertrek berei die kabbalis
pikanterieë vir haar nuweling voor: gemmergegeur.

Die siersuikertempel is wagterloos;
wysheid se voorhangsel in twee geskeur.

Verborge resepte in die priesteres se boekrol;
die varsgebore skepsel word na smaak gegarneer.

Met stroop gesalf en in *emet* gedoop.
Shalom! Uit smagting is jy gekeur.

Rooster teen 'n duisend grade Celsius;
my oond in sy element, die plaat besmeer.

Jou oë is rosyne, jou mond 'n versierspuit.
Rasend vir die Jodemaal eet ek my begeerte.

In my kombuis mors brokkies op die vloer.
Jou krummels sal ek stofsuig, my spens fumigeer.

Maer Liesbet

Liesbet Smal en Anna Reksie
speel siamees voor 'n laaikas;
wik en weeg deur dik en dun tye
waar eetlus weggevou moet word
om vastyd in te pas.

Isabelle Caro en Pika Proviandier
spysig hongeriges en herkou
aan watteballetjies in sap gedoop:
pruilmond op die loopplank
in lanugo-en-veltabbert versier.

Jamie Oliver en Nigella Lawson
bepeins dwangvoering voor die stoof;
ruil resepte en metodes uit
om eetstakers te rooster,
top-modehuise te sloop.

Sultan

Boerboelie,
kom lê by my voete,
kwyl in my skoot.
Kou aan my teefsheid,
want jou drif loop hoog
hier in die hondehotel.

Die paartydjie en voertyd
is egter gou verby:
veghonde is vernielsugtig
en gehoorsaamheidsafrigting
is pure tydmors:
stalvlieë verniel ore.
Kos en vlooipille raak
by die dag duurder.

Knaag aan my koeiklou:
vir 'n bosluisoortrekte brak
sal ek nie die veearts ontbied nie.
Onder die bed: my haelgeweer.
Een skoot in die teelbal
voordat ek hondsdolheid kry.

Hans Ystervark

In my whole life, I felt like an animal. I ignored my instincts. And I ignored what I really am. And that won't ever happen again – Wolverine (Hugh Jackman)

Die egpaar is ongelukkig ondanks hul rykdom,
begeer 'n seun met laarse van buffelleer,
met aardskuddende treë wanneer hy nader kom:
taai-gepantser soos 'n ystervark.

Monteer strokieskarakters teen die kas,
wens op die dubbelbed se superhelddeken,
visualiseer gereeld, smeek elke dag
en een middernag ontvang hul 'n teken:

'n Wolfman breek die deure af.
Met kloue wat in die volmaan flits
word twee teer borskaste oopgebreek
wanneer sy ysterpenne in hul slaan.

As jy my nie glo nie,
vra my broers hans en jack,
almal lieg en elkeen dra 'n jas,
daar hang 'n ystervarkvel
in 'n donker hoekie
van elke kas.

Speeltyd

My bokkie is voorman op ons boereplaas.
Blêr die name en vanne
van dierbare hansooitjies
in dorpe, hotelle en voerkrale
waar hy die monopolie op veehandel het.
Sy waardigheid is bogtery
want ons is insolvent.

My bokkie boer voor sy playstation.
Steek sy poot in my pens,
ring around the rosie
en ek word 'n afstandbeheerde lam.

Koljander deur die huis, klouter in die kas
waar skadu's wegkruipertjie speel,
beseringstyd se pionne jou skaakmat.

Die staanhorlosie speel cluedo
rek sy kake, hou my dop.
Thirty seconds verveelvoudig
in ons huisie van papier:
vreet my huidjie en stuitjie op.

Hooglied vir die maan

Marquis de Sade koop die maan
vir dertig silwer munte by 'n vlermuis;
monteer die gloed teen die muur
van 'n transgressiewe galery.

In die kollig spartel die muse
aan donker ebbehout;
haar vlerke omraam
die littekententoonstelling:
'n boeiende figuurstudie
in violet en purper hale gekats.

Die Rorschach-vlek ontlok
'n afwykvlinder se transformasie
tot avant-garde mot
op die brandstapel van verrukking.

Korset

De Sade speld sy kokarde
aan brokaat met silwerdraad deurweef;
ryg aspirasie met riempies styf
en stik ademloosheid aan tekstiel vas.

Met balein en been drapeer die markies
sy heerssugtige beklemming
oor motiewe en blosende blanketsel –
verstewig sy wurggreep.

In nousluitende omhelsing gewikkel
met borsies opgedruk en uitgepel
snak die muse na 'n ontknoping.

Terwyl hakies en nuuskierige ogies
deur sleutelgate loer,
loop haar noupassende uurglas leeg.

Lyfkuns

Graffiti skree teen mure en onder brûe,
gekke en dwase skryf op beton en glase.
Verloënde minnaars graveer hartkamers,
ander trek strepe oor nekholtes en rûe.

Sjabloneer jou ontwerp op perkament:
simbole, mitiese kreature,
teken 'n epos epidermaal aan;
sterk omlyn, ingekleur en pérmanent.

Wanneer die velmantel oopgevou word,
is jou prentmooi littekens se kleure
my keiserin se nuwe, deursigtige klere.

Dobbelhans

Een oggend dou-voor-dobbel na weke van rehabilitasie
gun die genadige heer van Problemgambling.com
vir Hans drie wonderwense as blyk van amortisasie.

Hy wens vir magiese dobbelstene en towerkaarte
waarmee die speler altyd poker, roulette en blackjack wen
en aan sy miljoenêrsy – 'n koningin van harte.

Hy toets sy vernuf by die plaaslike-outomaat:
voordat hy groot kanon speel en die *big time* aandurf
kus hy die klaweraas, bemagtig sy gelukbringerkaart.

Toe hy na slegs 'n halfuur die boerpot slaan
val hy op sy knieë, hande dankbaar in die lug;
weet die *golden highway* is eksklusief vir hom gebaan.

Na sy glanstog by Emperor's Palace en die Carousel
sing hy *Viva Las Vegas* in sy ruk-en-rol limousine.
Uitgevat in sy Elvishemp en bling word hy almal se pel.

Wine en dine, snort en shine, die gelukkige wetter
soos Hunter S Thompson dit nooit kon doen nie.
Die snoewery is 'n irritasie, maar sy beursie raak vetter.

Die hartevrou se kneukels skitter diamante.
Gucci-gereed transformeer sy in die ruitenshoer
met gemanikuurde naels en bakhande.

Die skoppensboer uit 'n Tarantino-movie klop aan sy deur
met rampokker-gel in sy hare en 'n aksent *to die for*;
swets in Italiaans en dreig met sy geweer.

Breek sy wennershand, laat die kettingsaag lawaai;
koop vir verminkte hans 'n eenrigtigkaartjie na die hel.
Deur die plastieksak sien hy die ysterhekke oopswaai.

Op Problemgambling.com kan hy altyd steun:
speel oudergewoonte troewe en wen towerkaarte,
die koningin van harte en vir sy nek 'n meulsteen.

Drie haarkappers skinder tesame

In die salon wag kliënte voor spieëls
by skuimende wasbakke en onder droërs:
gulsig soos gaste by 'n banket.

Fluoorlig flikker op gesalfde krone:
eierdoppe wat leeg oopkraak
en kekkelend geboorte skenk aan praatjies.

Veelvoudige kenne, malende monde
laat die hare rys en waai.
Dit bedek alles glo alles verdraai alles.

Meneer Snociskêr en sy leerjonge
beproef vlymskerp implemente.

Barbier word barbaar en skeer
meer vlees as baard.

Met die was, spoel en droogmaak
val snippertjies uitlokkend op die vloer.

'n Rondloperkat kom ingesluip;
verslind die lekkerny.

Kots dit weer straatlangs uit
om ander te vergiftig.

Gedig vir 'n gestroopte

Ma, ek skryf vir jou 'n noodvers:
tree vir my by die voorouers in.
Ek dra 'n swaar mandjie
wat deur my vingers keep –
met familievloeke gevul.
Houtkappers plunder die woud
(alle houtkappers is wild en vuil)
en hulle kettingsae ontneem my van suurstof.
Weg is my windskerm teen stormwater en erosie.
Wolf se stophorlosie tel die sekondes af
sedert ek uit jou sirkel getrap het.
Jy sing nie meer wiegeliedjies nie.
Raadpleeg duiwelbanners en augurs.

Kortpad

Haar mantel van fluweel
– deur die spookwoud gestroop –
word in braamrooi gedoop;
aan sydrade gedroog.

Sonder dié kappie van fluweel
– plukryp en besmeer –
geoffer aan die elemente,
'n modderlot haar toebedeel.

Boomwortels troetel enkels,
doringtakke stryk haar keel.
Daar is maaiers wat rooi linte vleg,
deur goue hare streel.

Flodder en mos word vangkuil
onder die kinderbessieboom.
In 'n oogkas krul die adder
waar uile hóé en vlermuise fladder.

Onder die plunderboom
by treurbosspruit se loop
sny die maan se sekel keeltjies oop.

Gly feëbote stil verby.

Iemand wou leer gril

Nóg 'n kind val by mangat af

Tussen grassies en blommetjies
val klein duimpie in 'n mangat af;
spoel uit waar brakke by 'n riooldrein blaf.

Taxi ry oor skoolkind

Sy wieg in tref en trap se armpies:
toe haar bromponie gly
en 'n taxi oor haar skedel ry.

Molestering in skole – kommerwekkend

Diesel, Nike, Reebokkies:
die skoolhoof stempel sy logo
ongemerk tussen kleuterbeentjies.

Boewe skiet baba, steel selfoon

Trieng-trieng-traak-my-nie:
die koeël is deur die koppie
maar sy kleef steeds aan haar foon.

Tweeling sterf in brand

Op suutjies trappetone
kom slaap kromrug ingesluip
om tweelingetjies in vuur en petrol te druip.

Kinderverkragtings neem toe

Pappa word lammervanger.
Toela-toela vonkelster
hoor jy die skapies agter deure blêr?

Sangoma stroop kind vir moetie

A seun word stukkend gekap.
Sy oogbal sien onheil op die plek
waar hy sy litte vir medisyne rek.

Klein Duimpie en die reus

"I touched you once too often now I don't know who I am. My fingerprints were missing when I wiped away the jam" – Leonard Cohen

In my nagmerrie armdruk ons
in 'n diner duskant Arizona.

L-O-V-E en H-A-T-E
op volmaakte vingers getatoeëer.

Jou duime – twee wilde mustangs
wat oor vlaktes galop.

Na die haakwerk lees ek die huid
van jou binnepalm bloots.

Sien die wolk van jou trok
wanneer jy Route 666 uitstof.

Jy laat my agter by 'n stapel flapjacks,
olierige eiers en kil koffie.

Ek skrik wakker met vetterige afdrukke
aan my foon, op my vel, in my lyf.

Arabiese Nagte

Onnutsige reseppe uit Me Naidoo se kookboek

In kookwater, op 'n warm oondplaat in haar huis
stoom komyngegeurde basmatirys.
Klop eiers en room bruinsuiker in 'n diep mengbak.
Die opwasbak oorstroom
in Shakti se kamma-soet rabarberkombuis.
Is sy 'n met 'n knippie kardemon gekuis?
Gemmerwortel en pypkaneel is op die speseryrak tuis
uit haar martavaan vloei 'n klappermelkstroom
in kookwater, op 'n warm oondplaat.
Vergeet van dharma, laat die mieliebrood-lagan rys.
Dwaaswees is soms beter as wysheid
en die troukoek bly 'n marsepeindroom.
Wanneer jou amandellyf net vir my boom
borrel my suikerstroop met steranys
op 'n warm oondplaat.

Opgedra aan Sheikh Nefzawi met apologie aan CW Joubert

Toe-eiening

Know your rights

Onfatsoenlik span die berugte langbroek
oor mevrou Hoesein se fatsoenlike sitvlak.
Om haar kop – 'n geblomde doek:
liberaal vir CNN-verslaggewers verpak.
Onder die sambok se steek – knuppel en koran –
kasty Shariareg astrante agterstewes,
maar in verligter visioene word koeie uit Soedan
bemagtig as herbivories-benadeeldes.
Haar voete vertrap die vaderland.
Tartend trek sy die broek uit
om hurkend haar grondgebied te merk.

Sondebok

Ek sterf skielik in my geliefde se oë
en haar pupille maak my bewoë
wanneer die sinnelose blik van 'n Persiese hert
my in die bonatuurlike laat glo.

Sy verander in 'n hert, my beminde vrou,
sodra sy haar gespikkelde jurk om haar vou
en haar pote opskop om rats weg te galop
oor 'n landskap bedek met oggenddou.

My geliefde word 'n hert; ek is magteloos
om haar met my vasgebinde hande te troos
en terwyl die towenares haar vervloekte water voer
besef ek dat ek haar voorts net in drome sal kan liefkoos.

Peetvader Dood

Laat jou lampie skyn

As kind my naïewe wens:
Laat die vuurvliegies na my toe kom.
Ek vang hul in 'n fles,
verseël die deksel dig.
Een vir een verdof hul liggies.

Nou, vasgevang in tyd se fles
wag ek deksels ongemaklik,
sonder sonkrag of batterye,
in skemer se wrede strik:
'n lugleegte van gesiggies.

Glasgees

'n Glasgees ontsnap uit 'n fles.
Maan wens versigtig:
waar sprokies suutjies asemhaal
word wense met poeier
uit edeltin vergiftig.

In die westewoude
pryk swymelbekers
en fynkos op 'n tafel;
rol onpaar geliefdes
oor duisend-en-een myl linne rond –
nalatig onbewus dat reuse
met geslepe byle
by die oostelike poorte waak.
Ingange verbrokkel,
uitgange stort ineen,
bewaarders het ingesluimer.
Begraaf die waardelose amulet.

'n Silfe sabander;
klim terug in die fles
en verseël die deksel blitsig.
Vervulling en verlies is siamees:
agter glas bly haar devies.

Towermat

Op die sewende dag van die laaste lewe
word die liefdesknoop gemaak, die towermat geloods.

Op die rug van 'n gewyde olifant
sweef Mumtaz deur die poorte van misterie.

In haar Persiese tuin skink sy darjeeling-tee vir twee
voer sy poue en papegaaie in koue.

Sy volg die lokstem van haar geliefde
deur oneindige reïnkarnasies heen.

Patrone versier haar hande vir die tuiskoms
wanneer die grou rauza van Agra weer bloei.

Gekleed in wildeals bied sy wierook aan haar beminde.
Haar oë is donker amandels, haar mond 'n granaat.

Haar koepels swel onder Sjah Jahan se palms.
Hy alleen mag in haar swanenek kreun.

Geparfumeerde lanterns word aangesteek
en sy ritteldans op die maat van tablas, tamboeryne.

Hy hang klokkies aan haar tong.
Sy sing in die taal waarin tollende soefi's fluister.

Laat my gitanjali soos die Ganges
onverpoosd oor tydlose perkament spoel.

Staaltjies

Ter wille van oorlewing

Op die eenduisend-en-laaste nag
vleg ek 'n haselneuttakkie aan die kosyn.
Op my onstuimige kussing weet ek:
Scheherazade hou voor my kamerdeur wag.

Indien my woorde sterf voor die oordeelsdag
plant hulle padlangs dat wingerde kan groei
en skink wyn in die kelk van 'n veldblom
wanneer versoeking deur geilte jag.

Fungi en skimmel laat spore in klamte;
word van mond tot mond oorgedra.
Sewe aardighede om te keur en te kus –
onder my deken skuil die grootste: wellus.

Beskerm my teen omlynde Berberoë,
fantasieë wat agter die sluier fladder.
Teen die hemel op my plafon gekarteer
hemelinge, gevalle engele, die adder,

teen hekse wat sprokies uit windrigtings weef
en met knobbelkloue aanmekaarknoop.
Teen spookvingers wat aan komberse kleef,
gemantelde donkermaan op die astrale.

Lei my verby die mosbedekte kapel
waar ontgogelde minnaars littekens uitstal.
Frommel die kontrak, ontheilig die formulier;
vertel ons stories met gloeiende tonge van vuur.

Sleutels en Erkenning

alklaps: kort-kort, elke keer

cuisses de grenouille: paddaboudjies

Die lewensduur: "Daarom lewe die mens sewentig jaar. Die eerste dertig is sy menslike jare ... Hierna volg die agtien jaar van die esel ... Dan kom die twaalf jaar van die hond ... dan kom die tien jaar van die aap ten slotte." ("Die Lewensduur" – Grimm)

emet: die Hebreeuse woord vir "waarheid" wat lewe aan 'n golem skenk

ingcibi: tradisionele snydokters, wat onder andere besnydenisse doen

izinyanga: kruiedokters of tradisionele dokters

kikvors: padda

Mai Mai mark, of Ezinyangeni: 'n Afrosentriese moetiemark in Johannesburg en 'n tradisionele bymekaarkomplek vir *sangomas*, *izinyanga*, en *ingcibi*

mokuk: pondok, sinkhuisie, krot

sabander: weghardloop, laat spaander, vlug, die hasepad kies

sangomas: waarsêers

silfe: 'n vroulike gees wat in die dampkring woon, 'n luggees

snoewery: grootpratery, gespog

pakaters: bokkespronge, kaperjolle, koddige handeling, flikkers

Die basiese bronne vir verwysing is:

Van der Vyver, M. 2006. *Die volledige sprokies van Grimm.* Pretoria: Protea Boekhuis.

Brink, A.P. 1966. *Die mooiste verhale uit Die Arabiese Nagte: met 133 tekeninge deur Janusz Grabianski.* Kaapstad: Human & Rousseau.

Burton, Richard F. 2008. *The Arabian Nights.* Lawrence, Kansas: Digireads.com Publishing.

www.ingramcontent.com/pod-product-compliance
Lightning Source LLC
Chambersburg PA
CBHW020958090426
42736CB00010B/1365